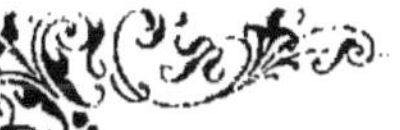

CATALOGUE

D'UNE COLLECTION

D'ESTAMPES

ANCIENNES ET MODERNES

GRAVÉES AU BURIN ET A L'EAU FORTE

Par des Graveurs Italiens, Allemands, Flamands et Hollandais du XVe au XIXe siècle.

DE

DESSINS ANCIENS

De Livres à figures et Recueils d'estampes, dont l'œuvre d'architecture et d'ornements de MEISSONNIER, la Galerie des Peintres Flamands par LE BRUN, le Musée Napoléon par FILHOL, la Monarchie Française de Montfaucon, etc.

Provenant du Cabinet de M. le Comte B... de Lille [Colnaghi]

DONT LA VENTE AURA LIEU

HOTEL DES VENTES MOBILIÈRES

RUE DROUOT, 5

Salle n. 8,

Les Vendredi 11 et Samedi 12 Janvier 1855,

le matin à midi et le soir à sept heures.

Par le ministère de Me **CHARLES PILLET**, C^{re}-Priseur, rue de Choiseul, 11.

Assisté de M. **DEFER**, quai Voltaire, n° 21,

chez lesquels se distribue le Catalogue.

EXPOSITION PUBLIQUE

Le Jeudi 10 Janvier 1855.

1855.

CATALOGUE

D'UNE COLLECTION

D'ESTAMPES

ANCIENNES ET MODERNES

GRAVÉES AU BURIN ET A L'EAU FORTE

Par des Graveurs Italiens, Allemands, Flamands et Hollandais du XVe au XIXe siècle.

DE

DESSINS ANCIENS

De Livres à figures et Recueils d'estampes, dont l'œuvre d'architecture et d'ornements de MEISSONNIER, la Galerie des Peintres Flamands par LE BRUN, le Musée Napoléon par FILHOT, la Monarchie Française de Montfaucon, etc.

Provenant du Cabinet de M. le Comte B... de Lille

DONT LA VENTE AURA LIEU

HOTEL DES VENTES MOBILIÈRES

RUE DROUOT, 5

Salle n° 3,

Les Vendredi 11 et Samedi 12 Janvier 1855,

le matin à midi et le soir à sept heures.

Par le ministère de Me **CHARLES PILLET**, Cre-Priseur, rue de Choiseul, 11.

Assisté de M. **DEFER**, quai Voltaire, no 21,

chez lesquels se distribue le Catalogue.

EXPOSITION PUBLIQUE

Le Jeudi 10 Janvier 1855.

1855.

ORDRE DES VACATIONS.

Ire VACATION.

Le vendredi, 11 janvier, à midi.

Nos 161 à 214, estampes hollandaises.
1 à 47, estampes italiennes.
111 à 140, estampes allemandes.

IIe VACATION.

Le vendredi soir à sept heures.

Nos 78 à 113, estampes allemandes et italiennes.
215 à 260, estampes hollandaises et françaises.

IIIe VACATION.

Le samedi, 12 janvier, à midi.

Nos 261 à 289, estampes françaises.
309 à 398, livres, catalogues, etc.
399 à 445, dessins.

IVe VACATION.

Le samedi soir à sept heures.

Nos 48 à 77, estampes italiennes.
141 à 160, estampes allemandes.
290 à 308, estampes françaises.

L'exposition mettant à même MM. les amateurs et marchands de juger de la qualité et conservation des estampes, il ne sera admis aucun cas redhibitoire, une fois l'adjudication prononcée.

CONDITIONS DE LA VENTE :

Elle sera faite au comptant.

Les acquéreurs paieront, en sus des adjudications, cinq centimes par franc, applicables aux frais.

DÉSIGNATION

DES ESTAMPES.

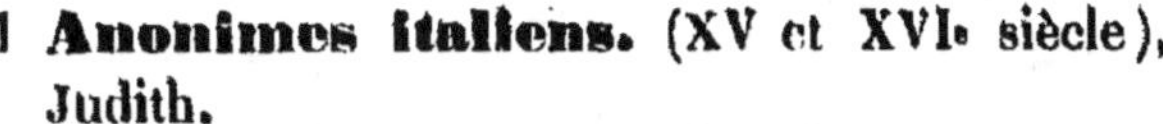

1 **Anonimes italiens.** (XV et XVIe siècle), Judith.

2 Diane, l'Amour, paysage; temple, pièce marquée I. B. F. Enfant jouant avec des Lions, 1557, neuf pièces.

3 — Vingt pièces iconologiques.

4 Thesée, Pyrus, Achille et Troilvs. Quatre pièces.

5 **Aspertino.** Estampe allégorique.

6 **Aquila** (François). L'Ecole d'Athènes et deux des Plafonds du Vatican. Trois pièces d'après Raphaël.

7 — La Bataille de Constantin, d'après Raphaël, quatre grandes feuilles. Très belle épreuve

8 **Badalocchio** (Sixte Rosa). Sainte Famille (25).

9 **Baroche** (François). L'Annonciation, pièce à l'eau forte.

10 **Beatrizet** (Nicolas). La Mort d'Abel (8). Deux épreuves, une avant l'adresse de Salamanque.

11 — Saint-Paul, pièce non décrite par Bartsch. Très belle.

12 **Bonasone** (Jules). Noë sortant de l'arche (4). Superbe épreuve, coll. Recheberger. Les Bergers adorant Jésus (39), la Résurrection (45), Mariage de sainte Catherine (47), copie ; la Vierge dans le ciel (62), la Vierge, Saint-Jérôme saint Petronne (61), sainte Cécile (74), saint Paul (73), saint Marc (74). Dix pièces; cet article sera divisé.

13 — Scipion blessé (81), Achille traînant le corps d'Hector (82), Clelie (83). avant l'adresse de Lafrerie ; la Bataille de Constantin (84), très belle, du premier Etat, avec l'année 1544. 4 pièces. *Cet article sera divisé.*

13 bis. — Circé (86), le Roi Midas (89), Histoire du Partage de l'Univers (93-96), Medée et Jason (98), Mercure et les Filles d'Aglaure (102), Enfance de Jupiter (107), Hercule emmenant les troupeaux de Gerion (110), les Amours des Dieux. Huit pièces, belles épreuves; cet article sera divisé.

14 — Neptune apaisant la tempête qu'Eole avait exitée à la prière de Junon (104). Très belle épreuve.

15 — Le Jugement de Paris (112). Belle épreuve d'une belle pièce.

16 — Quatre Statues de Déesse (140 à 143). Belles épreuves de 4 jolies pièces.

17 — Les Amours des Dieux (146 à 164).

18 — Le Temps (172). Sujet de fantaisie (174), et deux pièces attribuées à Bonasone.

19 **Bos** (Corneille). Chute des Géants, pièce de l'Ecole de Fontainebleau.

20 **Bresse** (Jean-Antoine de). Danse de quatre femmes, d'après Mantègne.

21 — Danse d'Enfant (19).

22 **Campagnola** (Dominique). La Pentecôte (3). Belle et rare.

23 **Canaletti.** Vues de Venise, deux pièces.

24 **Caraglio** (Jacques). Hercule terrassant le fleuve Acheloüs, sous la forme d'un taureau (48), les Muses et les Pierrides. Deux pièces.

25 — La Pentecôte.

26 **Carrache** (Augustin). Saint Jérôme (75), Christ mort (102), belle pièce avant l'adresse de Franco; la Vierge protégeant deux confrères (105), Mercure et les Grâces, d'après Tintoret (117), l'Éventail (260). Cinq pièces, belles épreuves; *cet article sera divisé.*

27 **Carrache** (Augustin). Martyre de sainte Justine, estampe de deux feuilles, d'après Paul Veronèse.

28 — Saint François, d'après Vani.

29 **Carrache** (Annibal). Le Couronnement d'épines (3), saint François-d'Assise. *Louis Carrache*, la Vierge aux Anges (2), trois pièces, belles épr. Plus une Vierge, avec la date de 1697, et le portrait de saint Simon, Martyre, d'après Fides Galitia, 1607.

30 La Soucoupe, pièce rare. Jésus et la Samaritaine.

31 **Casa** (Nicolas de la) Cosme de Medecis II, d'après Baccio Bandinelli, portrait curieux pour l'armure.

32 **Enée Vico**. Lucrèce, et un Rhinoceros, deux pièces, belles épr.

33 — Le Combat des Amazones (14). Belle épr.

34 **Faldoni** (A). Portrait de Sébastien Ricci, peintre.

35 **Farinati** (Paul et Horace). Le Passage de la mer Rouge (1), Deux Apôtres, pièces à l'eau forte.

36 **Franco** (Jean-Baptiste) Sacrifice d'Abraham, 1er état (1) Moïse frappant le rocher (2), 1er état avant le nom Franco Forma. Melchisedech offrant du pain et du vin à Abraham (5). Christ porté au tombeau (19). Pièces allégoriques, (5657-58). Sept pièces très belles.

37 **Goya**. Un Philosophe, pièce gravée à l'eau forte, d'après Velasquez.

38 **Marc-Antoine Raimondi.** Dieu apparaît à Abraham (3), copie A et copie en contre-partie, très belle épreuve.

39 Joseph et Putiphar (9), d'après Raphaël. Belle épreuve.

40 David et Goliath (12), d'après Raphaël. Belle épreuve.

41 La Reine de Saba (13), d'après Raphaël. Belle épreuve.

42 Massacre des Innocents, première planche, dite au chicot (18), belle mais restaurée.

43 La Descente de Croix, d'après Raphaël. Belle épreuve mal conservée.

44 Les Trois Marie (33). Belle épreuve.

45 Sainte Cécile (116), d'après Raphaël. Anc. épr. rare.

46 Copie de la même estampe. Très belle épreuve.

47 Martyre de sainte Félicité (117), d'après Raphaël. Ancienne épreuve avant l'adresse.

48 Cléopâtre (199), d'après Raphaël. Anc. épr.

49 L'Enlèvement d'Hélène (209), par Marc de Ravenne. Belle épreuve.

50 Le Triomphe (213), d'après Mantègne. Belle épreuve.

51 Le Jugement de Paris, d'après Raphaël.

52 Didon (187), d'après Raphaël, Très belle épr.

53 Le Parnasse (247), d'après Raphaël.

54 La Cassette d'Homère (267), Très belle épreuve, doublée.

55 Enfant faisant manger du raisin à un Satyre (281). Belle épreuve.

56 Jeune et vieux Bacchant (294). Belle épreuve restaurée.

57 Les Vertus (386-392). Suite de sept pièces, d'après Raphaël.

58 Satyre enlevant une Nimphe (300). Belle épr.

59 Le Jeune Olympe (309), jouant de la flûte de Pan. Très belle épreuve, rognée du haut et du bas.

60 Vénus accroupie et l'Amour (313). Belle épr.

61 Vénus et Vulcain forgeant des armes pour l'A-

mour (326). Bellé épreuve, première manière de Marc-Antoine.

62 Pyrame et Thisbé (322). Très belle épreuve, coll. W. Esdaille.

63 Galatée sur les eaux (350), d'après Raphaël. Belle épreuve, doublée et restaurée.

64 Les deux femmes au Zodiaque (397).

65 La Peste (417). Belle épreuve avant l'adresse de Salamanque.

66. **Augustin Vénitien.** Lycaon (244). Hercule et Anthée (316).

67 — Hercule et Anthée. Belle épreuve.

68 — La Barque (473), belle épr., pièce rare; la Bataille (420); cette dernière, par Marc Ravenne.

69 — Marche de Silène (215), la Femme aux œufs (443), la Sibylle de Cumes (123), trois pièces.

70 — La Bataille au coutelas. Très belle épreuve.

71 La Carcasse; belle épreuve.

72 — Cavalier à la porte d'une ville.

73 **Marc de Ravenne.** Laocoon (243); belle épr. avant Salamanque.

74 **Maître au dé.** Victoire et triomphe de Scipion (73-74); deux épreuves de la dernière, une très rare avant l'adresse. Frise d'Enfants (36 et 37); cinq pièces, belles épreuves.

75 Sainte Magdeleine (13).

76 **Mantègne.** Triomphe de Silène; belle épr.

77. **Mantègne** (d'après). Le Triomphe, gravé par Marc-Antoine.

78 **Mantuan** (Georges). L'Ascension de Notre-Seigneur, très belle, L'Ascension, par Jean Bertano Mantuano.

79 Repos de la Sainte-Famille, en Egypte (3), d'après Jules Campi; belle épreuve.

80 — Hercule terrassant le Lion de Némée; très belle épreuve.

81 — Marius à Minturne; très belle épr.

82 — La Calomnie, d'après Lucas Penni.

83 — La Calomnie (64), d'après Lucas Penni.

84 **Mantuan** (Diana). Taureau (37). La Vierge et saint Joseph mettant l'enfant Jésus en maillot, par Adam Mantuan; deux pièces.

85 Latone mettant au monde Apollon et Diane dans l'île de Delos (39); superbe épr. avant l'adresse.

86 Jésus apparaissant pendant le Martyre de sainte Catherine. Julio Mantuan, inv., H. Cock, exc., 1565; belle épr., graveur anonyme.

87 **Metz** (Corneille de). Fac-simile d'un dessin du Giotto, décoré par Vasari.

88 **Nicoletto de Modène.** Orphée charmant les animaux (73), pièce rare.

89 — Panneau d'ornements, dans le médaillon du haut, le Jugement de Paris (54); belle et rare pièce.

90 **Parmesan** (François-Mazzuola-Judith (1), Nativité (3), Vierge (4), Femme pensive (10). Les Apôtres, suite de 13 pièces marquées F, P, plus huit copies. Sainte-Famille (64), Bellone (25), Bellone (76); ces quatre dernières, par Meldolla, 28 pièces.

91 **Parmesan** (d'après) Martyre de Saint-Pierre, camaïeux, rare.

92 Plusieurs doubles des numéros ci-dessus, les

Apôtres marqués F P et diverses pièces, d'après le Parmesan. 27 pièces.

93 **Reverdinus** (Gaspar). David tuant le géant Goliath; pièce non décrite dans Bartsch.

Les Adeptes (29). Deux pièces très belles, plus un guerrier tenant un drapeau, pièce dans le goût de ce maître.

94 Un Enfant couché sur une tête de mort ; pièce inédite.

95 **Ribera.** Satyre fouetté par l'Amour.

96 **Robetta.** La Veille et les deux Couples d'amour (24).

97 — Adam et Ève (3); pièce rare.

98 **Anonyme** (B. vol. 13, p. 108). Virginius poignardant sa fille; pièce rare, dans le goût de Robetta.

99 **Rota** (Martin). La Passion, suite de 13 pièces; très belles épreuves.

100 **Schiaminosi.** La Vierge aux cerises, d'après le Corrége; jolie pièce à l'eau forte.

101 **Spada** (V.) Feuille représentant une espèce de Jeu d'oie.

Autre feuille de divers sujets allégoriques et religieux, sans nom de peintre ni graveur.

102 **Tempeste** (Antoine). Portrait équestre de Henri II, roi de France, et de Cosme de Medicis; un bas relief d'enfants; 3 pièces.

103 **Vanni.** Les Noces de Cana, d'après Paul Véronèse.

104 **Ecole Italienne.** Descente de Croix, d'après le Baroche, par Villamena. Vierge et Saints, d'après le Dominiquin, par Del Po.

105 — Onze pièces.

106 **Anonymes, vieux maîtres Allemands et Flamands,** du XVe siècle. L'Annonciation 1481, un Apôtre, Martyre d'un saint André, Christ descendu de la croix 1475 Ecce Homo; 5 pièces très rares, non décrites, provenant du cabinet de Wisschèr.

107 — Vierge et Enfant Jésus sous un portique architectural; à droite, un saint tenant une crosse.

108 — Frises d'ornements, les mois de l'année et trois frises, par Virgile Solis; 20 pièces.

109 Vierge, l'Enfant Jésus sur ses genoux 1485, le Sauveur, la Messe de saint Grégoire, et une Sainte; quatre pièces rares non dérites.

110 Les Vendeurs chassés du Temple; sainte Agathe, Ecce homo entouré de rainceaux d'ornements; le Cheval de Troye; 4 pièces inédites.

111 **Bause** (Jean-Fr.) Portrait de Jean Gotlob, d'après Ant. Graff.

112 **Boese** (C.-F.) Le Bourgmestre, Jacob Meyer et sa famille, d'après Holbein.

113 **Bry** (Théodore de). Fête de village, Marche d'armées; 4 pièces.

114 **Deustch** (Emmanuel). Une des Vierges folles, 1520. Pièce gravée en bois. Rare.

115 **Dietterlin** (Bartholoméo). Jésus sur la montagne, d'apr. Dietlerlin père et édité par Dietterlin fils. Pièce rare.

116 **Durer** (Albert). Adam et Ève (1). Belle épr.

sur papier à la tête de bœuf, d'une pièce capitale du maître.

117 — L'enfant prodigue (28). Belle épreuve.

118 — Jésus au jardin des oliviers (19).

119 — Vierge couronnée par deux anges (39). Belle épreuve d'une jolie pièce.

120 — La Vierge à la poire (41). Belle épreuve.

121 — La Vierge au papillon (44). Belle épr.

122 — Saint Eustache (57). Belle épreuve.

123 — Saint Antoine (58).

124 — Saint Jérome en pénitence (61). Belle épr.

125 — La famille du Satyre (69). Très-belle épr.

126 — L'effet de la jalousie (73). Superbe épr.

127 — Amione (1), l'une des cinquante filles du roi Danaüs. Belle épreuve.

128 — La Mélancolie (74).

129 — La grande Fortune (77). Très-belle épreuve avec marge.

130 — Le paysan du marché (89).

131 — Le cavalier et la dame (94). Copie par un vieux maître.

132 — Le canon (99), pièce gravee sur fer. Très-belle épr.

133 — Portrait d'Erasme (107). Belle épreuve d'une pièce rare.

134 — Le cheval de la Mort et la Mélancolie.

135 **Gessner** (Salomon). Paysages idyles, 14 p. à à l'eau forte.

136 **Hans Beaudouin Grun**, Saint Sébastien, pièce en bois.

137 **Hollar.** Portrait de Rubens. Belle épreuve.

138 **Hopfer** (Daniel et Jérome). La Femme adultère, Adam et Ève, etc., 7 pièces belles épr. avant les n^{os}.

139 — Deux reliquaires par Daniel Hopffer. Epr. avant les n^{os}.

140 **Kilian** (Barthelemi). Portrait d'André d'Hubert. Belle épreuve.

141 **Krug** (Louis). 1516, Adoration des Bergers. Belle épreuve.

142 **Schongauer** (Martin). Jésus devant Pilate, Ecce Homo, mise au tombeau, 3 p. belles épr.

143 — La Vierge tenant l'enfant Jésus (B. 28).

144 — Saint Christophe, par Martin Schongauer.

145 — Jésus et les anges, pièce rare avec la marque de Schongauer.

146 — Une des Vierges folles. Rare.

147 — **Maître au Caducée.** Trois jeunes hommes nus attachés à un arbre (17). Belle épreuve, pièce rare.

148 — L'Ange gardien (9). Belle épreuve et rare.

149 **Monogramme** (B. vol. VIII, page 544, n. 2). Victoire et Renommée, copie du Maître au Caducée. Elle est rare.

150 — David et Goliath, par Alaert Claas, et 3 pièces par Aldegrever et autres.

151 **Meeken** (Israël Van). La Vierge, l'Enfant

Jésus et les rois de Judée, dans un rainceau d'ornement (213)

152 — Saint Antoine enlevé par des démons. Gravé d'après Martin Schongauer. Belle épreuve. Rare.

153 — Jésus et les pèlerins d'Émaüs, Van Mecken, Jésus flagellé, Jésus descendu de la croix, 3 p.

154 — La Flagellation. Très-belle épreuve.

155 **Monogramme** (Maîtres à). Moyse, 1524, Saint George, Virgile Solis, graveur, le Sauveur par C. Matsys, 5 pièces.

156 — **Pens** (Georges). Triomphe de Pétrarque, 4 pièces.

156 bis — **Schmidt de Berlin**, portrait de femme, d'ap. Rembrandt, portrait d'homme, d'après le même; portrait d'une femme âgée, d'après le même.

157 — **Zagel** (Martin). Lueur et Obscurité (21), et Copie de Salomon adorant les idoles.

158 — Décollation de sainte Catherine (9). Belle épreuve d'une grande pièce.

159 — Les deux Amants (16). Très-belle épreuve.

160 — **Ecole allemande**, 44 pièces à l'eau forte, vues de Munich, paysages, par Echard, Kobel, Gauerman, et autres artistes allemands.

161 — École allemande, XVIII° siècle, 45 p. à l'eau forte et au lavis.

162 — Paysages et Marines, 48 pièces.

163 — **Ecole allemande.** Paysages à l'eau forte par Diès, Kobell, etc., 23 pièces.

164 — **Ecole allemande, flamande, hollandaise**, 20 pièces.

165 **Backuisen**. Une marine. Belle épr.

166 **Berghem** (Nicolas). La Vache qui pisse. Très-belle épr., avant l'adresse de F. de Witt. Du cabinet Donadieu.

167 **Bolswert** (Schelte à). L'Adoration des rois, d'apr. Rubens. Très-belle épreuve avec l'adr. de *Martinus Van Eden*. Collect. *Robert Dumesnil et Debois*.

168 — La Pêche miraculeuse, d'après Rubens. Belle estampe de 3 feuilles.

169 — **Bolswert** (Boetius à). La Résurrection du Lazare, d'après Rubens. Belle épreuve.

170 **Bloteling** (Abraham). Michel-Adrien Ruiter, amiral. Portrait à l'eau forte.

171 **Dancker Danckerts.** 6 sujets champêtres, d'apr. Berghem. Belles épreuves avec l'adresse de Danckerts.

172 — Carolus Dematius, docteur médecin, 1642. Autre portrait sans aucun nom.

173 — Jacob Cats, d'apr. Mireveld. Jean Maurice, de Nassau, gravé par Pierre Soutman, d'après Hondt-Horst.

174 — W.-J. Abraham Van der Meer, d'après Mirevelt. Très-belle épreuve.

175 **Dyck** (Ant. Van). Erasme de Rotterdam. Belle épreuve à l'eau forte.

176 **Goltzius.** Les cinq Sens, les Saisons, les Éléments, etc. 27 pièces, très-belles épreuves avec marges.

177 — Neuf pièces gravées, par Muller de Gheyn et Matham, d'après K. Mandère, Stradan, etc.

178 **Hess** (Charles). Le Charlatan, d'après un tableau capital de G. Dow.

179 **Lucas de Leyde.** La danse de la Magdeleine (122). Belle épreuve, doublée.

180 — La Conversion de saint Paul (107). Belle épreuve.

181 — Adoration des Rois. Belle épreuve d'une pièce capitale du maître.

182 — Ecce Homo.

183 — La Vierge debout (82), saint Mathieu (101), 2 pièces.

184 — Les pélerins, d'après Lucas de Leyde, par Marc-Antoine.

185 — Jean Lutma et Tacite, 2 pièces. Très-belles épreuves.

186 **Marinus.** Martyre de sainte Justine, d'après Jordaens. Très-belle épreuve, avec l'adresse de Bloteling, excudit.

187 **Meyeringh.** Paysage.

188 **Pontius** (Paul). Saint Roch, d'apr. Rubens. Belle épreuve.

189 — Portrait de Philippe IV, d'apr. Rubens. Su-

perbe épreuve avant la Moustache. Elle est rognée et doublée.

190 **Seeman**, 2 pièces dont une vue des environs de Paris.

191 **Suyderoëff**. Les quatre Bourgmestres, d'apr. Keysser. Belle épreuve.

192 — (Jonas). Le coup de couteau, d'après Terburg. Épreuve avant la lettre.

193 — L'Opérateur, d'après Brouwer, épreuve avec l'adresse de Clément, de Jonghe.

194 — Le coup de couteau, d'après Terburg. Rudolphe Huggerus, André Rivet, David Nuyts, et Godartus, 5 pièces.

195 — Buveur, d'apr. Ostade; Août, d'après Sandrart, 2 pièces.

196 — Buveurs, d'après Ostade. Épreuve avec l'adresse de Clément de Jonghe.

197 — Keyser, peintre, d'après lui, en 1621. Joli portrait.

198 — Zuerus, Neuhusius, Samuel Ampzingius, Gillis de Glarges, Jacobius, Revius, etc., 5 portraits. Belles épreuves.

199 — Albert Rupert, d'après Bailly; Adrien Heerebord, d'après Dubordieu; Louis Catzius, Jean Hoornbuck. Quatre portraits beaux d'épr.

200 — Frédéric Spanheim, d'après Dubourdieu, 2 épreuves; Constantin l'empereur, d'après Baudrigen. Trois portraits beaux d'épreuves.

201 — **Van den Velde** (Adrien). Une Vache

et les Chiens, 2 pièces à l'eau-forte. Belles épr. sur papier à la folie.

202 **Van den Velde** (Jean). L'Étoile des Rois, les Saltimbanques, 2 pièces. Très belles épreuves.

203 **Visscher** (Corneille de). La mère de C. Visscher, portrait de C. Visscher, et un portrait de...? Trois pièces belles épreuves.

204 — Le Marchand de mort aux rats. Belle épr. avec l'adresse de Clément de Jonghe. *Collect. Mariette*, 1667.

205 — Les Violonneurs, d'après Otade. Belle épr.

206 — La Fricasseuse. Belle épreuve avec l'adresse de Clément de Jonghe.

207 — Quatre sujets champêtres, en hauteur, d'ap. Berghen (manque le n. 2). Belles épr. avant les numéros et l'adresse de Wisscher.

208 — La même suite, avec les numéros et l'adr.

209 — Les Brigands et le Four à chaux, 2 pièces, d'après P. de Laer, épr. avant la lettre.

210 — Quatre sujets champêtres, d'après P. de Laer, deux sont en hauteur.

211 — Tête de femme, d'apr. le Parmesan. Épreuve avant la lettre.

212 — Gellius de Bouma. Belle épreuve avec l'année 1656.

213 — Vondel. Belle épreuve avant les adresses.

214 — Jacob Westerbaen. Deux épreuves d'un joli petit portrait rare, une est avant la lettre.

215 **Visscher** (Jean). Femme filant et homme dévidant, d'après Ad. van Ostade. Belle épr. avant la lettre, très-rare.

216 — La même, avec la lettre avec l'adresse de *Cralinge.*

217 — Deux des heures du jour, d'apr. Berghem. une est avant la lettre. Trois sujets d'après Wouvermans, un avec l'adresse de Cralinge et un avant la lettre, 5 pièces.

218 — Sujets champêtres, d'après Berghem (104). Très-belle épreuve d'une jolie suite.

219 — Quatre pièces, d'apr. Berghem, 2 sont avant la lettre.

220 — La Buvette, d'après Wouvermans, épreuve avant la lettre.

221 — Suite de six sujets, d'après Berghem, cinq sont avant la lettre; la sixième est avec les noms et l'adresse de F. de Witt.

222 — Danse flamande, 2 pièces d'après Ostade, Estaminet hollandais, d'apr. le même; Paysanne qui trait une chèvre et le Gué au clair de lune, cette dernière pièce avant la lettre, 5 pièces.

223 — Intérieur flamand.

224 — Petrus Proelius, d'après Van Noort. Belle épreuve.

225 — **Vorsterman**. Mise au Tombeau, d'après Raphael.

226 — La Vierge au Rosaire, d'après Michel-Ange.

du Caravage. Très-belle épreuve d'une belle pièce, conservation parfaite.

227 — Constantin Hugenius, d'après Livens. Belle épeuve.

228 — Loth et ses filles, d'après H. Gentileschi. Belle épreuve bien conservée.

229 **Ecole Hollandaise**. La fraîche matinée, d'après Karle Dujardin. Le fils de Rubens, la servante, d'après Pierre de Hooge. Trois pièces, la dernière en manière noire.

230 — Vingt pièces à l'eau forte, par Rembrandt, Everdingen, Marc de Bye, Ostade, etc.

231 **Anonyme**, dans le goût de Maas. Cavalier au manège, deux estampes.

232 **Balechou**. La Couturière, d'après Jeaurat. Belle épreuve.

233 **Bervic**. Charles, Comte de Vergennes, dessiné et gravé par Bervic. Très belle épreuve.

234 — Louis XVI, en pied, en manteau royal, d'après Callot. Belle épreuve qui n'a pas été déchirée.

235 **Bosse** (Abraham). Cérémonie observée au contrat du mariage passé à Fontainebleau, entre Uladislas et Marie princesse de Mantoue. Jolie pièce du maître.

236 **Boulle, ébéniste**. Un panneau d'ornement pour marqueterie. Très rare.

237 **Boissieu** (J.-J. de). Paysage d'après Ruisdaël. Belle épreuve avant l'astérisque.

238 — Vue du village de Saint-Andéol. Très-belle et ancienne épreuve.

239 — Entrée d'une forêt. Belle épreuve.

240 **Callot** (Jacques). La Foire de Florence

241 — La Chasse, avant l'adresse de Silvestre.

243 — Louis de Lorraine à cheval.

244 **Chardin** (d'après). Le Bénédicité, gravé par Lepicié.

245 **Chereau**. Nicolas de Launay, d'après Rigaud. Belle épreuve.

246 **Drevet** (Pierre). Robert de Cotte, d'après H. Rigaud. Belle épreuve avant le mot Architecte. Rare.

247 — Adrienne Lecouvreur, d'après Coypel.

248 **Dughet** dit **Gaspard Poussin**. Onze pièces gravées d'après ce maître, par Vivarès, Masson, etc., et une d'après Claude le Lorrain. Belles épreuves.

249 **Dupuis** (Nicolas). Le Normand de Thournehem, d'après L. Toqué

250 **Edelinck** (Gérard). Le Christ aux Anges, d'après Le Brun, épreuve avant l'adresse de Drenet.

251 Portrait de Philippe de Champagne, par lui-même. Belle épreuve.

252 Son portrait gravé par Devaux, d'après Tortebat ; Ferdinand Pardebon, d'après Le Brun ; Fagon médecin ; trois pièces.

253 Le Combat des quatre cavaliers, d'après Léonard de Vinci. Belle épreuve avant les points sur le sabre.

354 **Claude le Lorrain** (Cl. Gelée dit). Le Temps et les saisons (R. D. n° 20). Anc. épr.

255 **Larmessin** (de). Le Maréchal de Lowendal, d'après Boucher.

256 **Lefèvre pinxit et sculpsit**. Charles Patin. Beau portrait à l'eau-forte. Rare.

257 **Leu** (Thomas de). Henri IV, d'après Bunel, en 1601.

258 **Lombart** (Pierre). Philippe Comte de Pembroke, d'après Van Dyck.

259 **Leroux.** La Dame de Charité, d'après madame Haudebourg Lescot, épr. avant la lettre.

260 **Lignon** (Frédéric). Portrait en pied de Louis Philippe Ier, roi des Français, d'après Dupré, épreuve avant la lettre, papier de Chine.

261 **Martini**. Exposition au salon de 1787.

262 **Masson** (Antoine). Marin Cureau de la Chambre, d'après P. Mignard. Belle épreuve avant les contretailles.

263 — Frédéric Guillaume, Duc et Électeur de Brandebourg. Belle épreuve.

264 Jésus et les disciples d'Emmaüs, d'après le Titien. Très belle épreuve bien conservée.

265 **Moreau le jeune**. La grande Toilette, et la petite Toilette.

266 — Le Pari gagné : C'est un fils, Monsieur ; 3 pièces. Les cerises, d'après Baudouin.

269 **Morin** (Jean). Vitré, imprimeur.

270 — Cardinal Bentivoglio, d'après Van Dyck. Belle et rare.

271 — De la Milletierre, Duvergier du Hauranne, d'après Champagne.

272 — Jean le Camus, Villemonté de Vignerod, abbé de Richelieu, 2 p.

273 — Le Camus de la Milletierre, 2 pièces.

274 — Saint Bernard.

275 — Paysage, un voyageur à cheval.

276 — Deux paysages en largeur.

277 **Nanteuil** (Robert). Buste du Christ, (4), 2e état. Buste de la Vierge, (5), 1er état. Rares.

278 — Beaumanoir de Lavardin, (34). Pompone de Belièvre, (36). 2 pièces en 1er état.

279 — Pompone, (37), beau portrait.

280 — Castelnau, (58), Clermont, Tonnerre, (68), en 1er état.

281 — Christine, reine de Suède, (67). Jean-Baptiste Colbert 1660. (71).

282 — Coislin, (69), 1er état. César d'Estrée, (92). Fouquet, (97), 3 pièces.

283 — Madame de Gillier, (102), Comte de Guebriant, (104), 1er état. Hesselin, (110). Le même portrait, 2e état. Quatre portraits.

284 — Joly évêque d'Agen. (113), 1er état. Michel Le Masle (125), 1er état.

285 — La Meilleraye, (118), Lamoignon, (119), 1er état. La Vrillière, (123). La mothe Levayer (123), quatre portraits.

286 — De Lionne (147), 1er état. Lotin de Charny, (151), Marquis de Maisons, (166), Édouard Mollé, (193).

287 — Pierre Poncet, (215). 1er état. Superbe épr. d'un beau portrait.

288 — François Servien, (225). Van Steenberghen dit l'Avocat de Hollande, (226), deux portraits.

289 — Turenne, grand portrait, des tours aux angles, (233). Belle épreuve du 3e état.

290 — Mazarin, marquis de Saint-Brisson, et la copie par Regnesson ; André Lefèvre d'Ormesson, 3 pièces.

291 Louis Hesselin, épreuve avant la lettre. Le même avec la lettre.

292 — Christine, Reine de Suède, d'après L. Bourdon.

293 — Colbert, 1660, d'après Champagne. Belle épreuve.

294 — Alexandre de Sève. Très belle épreuve.

295 — Édouard Mollé. Très belle épreuve. *Collection Debois.*

296 — Lamothe Levayer, 1661. Belle épreuve.

297 — Alexandre de Sève, (82). Très belle épr.

298 — Lefèvre d'Ormesson, (209). Hesselin, (110), 1er état. Mazarin, (184). Saint Brisson, (224), et la copie par Regnesson, 5 pièces.

299 **Norblin.** Ecce Homo, grande pièce à l'eau-forte. Très belle épreuve.

300 **Pesne** pinxit et sulpsit. Louis Le Conte sculpteur.

301 Langlois dit Ciartres, marchand d'estampes, d'après A. Van Dick. Belle épreuve. Collection Debois.

302 **Robert** (Léopold). Environs de Rome, une Suissesse, la prédiction, un improvisateur, un brigand napolitain, 5 p. lithographiés.

303 **Roullet** (Jean-Louis). Le marquis de Beringhen. Très belle épreuve.

304 **Silvestre** (Israël). Perspective de la ville de Paris, vue du pont des Thuileries. Épreuve avec l'adresse de Silvestre.

305 **Stella** (Antoine). Le frappement du Rocher, gravé d'après N. Poussin.

306 **Thomassin**, 1708, Thomas Corneille. Belle épreuve.

307 **Trouvain** (Antoine), 1697. Portrait de madame Petit. Belle épreuve avant la lettre, d'un joli portrait.

308 **Vanschuppen** (Pierre). Claude Bazin, d'après Lefébure. Belle épreuve.

309 **Watteau.** Antoine de la Roque, gravé par Lepicié. Belle épreuve.

310 Le Bal champêtre, deux épreuves, une avant la lettre.

311 **Wille** (Jean-George). Instruction paternelle. Très belle épreuve.

311 bis. Le petit Physicien, d'après Netscher.

312 **Ecole française.** Apollon et Marsias par Remy Vuibert ; Aurore par Ch. Le Brun ; Démocrite, par Coypel ; Adoration des rois, par Mauperché ; Saint-George, d'après Claude le Lorrain, et la villa Pamphile, par D. Barrière, combat de Cavalerie, par Demarcenay, 7 pièces.

313 Honny soit qui mal y pense par Hubert, le maître Galant, d'après Lancret, par Lebas.

314 — Quatorze pièces, de l'École Française, Callot, Boissieu, etc.

314 bis. — Neuf estampes, d'après N. Poussin et Lesueur, par Poilly, Chatillon, Stella, etc.

315 **Ecole Française**, 7 pièces.

316 — Le Comte d'Harcourt, dit le Cadet à la perle, d'après Mignard, par Masson.

317 — Charlotte de Bavière, Duchesse d'Orléans, d'après Rigaud, le Cardinal de Médicis, d'après le Titien, Ducis, d'après Gérard, Henri IV, d'après Janet. Quatre pièces gravées par *Tardieu*, *Laugier*, *Pradier*, etc.

318 — Chauveau graveur; Daniel Voysin; René Potier, Duc de Tresme; de Ventadour, Archevêque de Bourge; Marie de Gonzague; Jaillot de Montarsis, huit portaits par Edelinck, Mellan, Cossin, Duvivier.

319 — Vingt-huit portraits de divers personnages, Corneille, La Fontaine, Beaumarchais, Calvin, Jean Schorel, George Sand, etc.

320 — Andreossy, B[illegible]cotte, Bonaparte, Férino, Masséna, cinq portraits.

321 — Six portraits, d'après Cochin.

322 — **Bartolozzi** (François). Sainte-Vierge et Saint-Jérome, d'après le corrège. Estampe non terminée, dans l'état où la laissée Bartollozzi à l'âge de 85 ans.

323 **Laurence** (d'après). Lady Grosvenor, gravée par Cousins.

324 **Middiman** (Samuel). Amusement des Bergers, d'après Berghem. Epreuve avant la lettre.

325 **Reynolds**. Portrait de Lady .... gravé par Smith.

326 — Lady Elisabeth Léc, gravé en manière noire, par Fisher.

327 — Jacob, fils de William Bouverie, gravé par Marc Ardell. Belle épreuve.

328 **Scharp** (William). Sortie de la garnison de Gilbraltar ; la mort du Général Montgommery, gravé par Clémens ; la Bataille de Bunkers Hill près Boston, par Muller. Trois estampes d'après Trumbull.

329 **Vertue** (George). Les enfants du Roi Henri VII, et d'Elisabeth sa femme, d'après Jean de Maubeuge, en 1496, de la collection du Palais de Kensington.

330 Mary, Reine de France, et Charles Brandon Duc de Suffolk, d'après un ancien tableau.

331 Lady Jeanne Gray, d'après une peinture du temps.

332 Tombeau d'Henry, Darnley, roi d'Ecosse, d'après un tableau vénitien du temps.

333 Le Duc et la Duchesse de Suffolk, d'après Lucas de Herre.

334 La famille de Thomas Arundell. Van Dick invenit. Fruictier pinxit.

335 Charles Ier et Henriette de France, d'après Van Dick, en 1634.

336 La Procession Royale de la reine Elisabeth en visite chez lord Hunsdon, d'après un tableau du temps, estampe curieuse pour les costumes; elle est très rare.

337 **Woollett** (William). La maison de Campagne

de Cicéron et la solitude. Deux pièces très belles.

338 Anne, reine d'Angleterre, beau portrait, d'après Kneller, gravé par Smith. Très belle épreuve.

339 Jean Jacob Haid, peintre et graveur, Lord Villers et sa sœur; W. Congrève, d'après Kneller; trois portraits en manière noire, par Haid, et Smith.

340 **Bervic**. L'Enlèvement de Déjanire, d'ap. le Guide, et l'Éducation d'Achille, d'ap. Regnault.

341 — L'Innocence, d'après Merimée.

342 **Blot**. La Vierge au candelabre, d'ap. Raphaël.

343 **Desnoyers** (M). L'Empereur Napoléon Ier, d'ap. Gérard, belle épr. avec toute sa marge.

344 **Godefroy**. Napoléon Bonaparte, à la Malmaison, d'ap. Isabey.

345 **Forster**. (M.) La Vierge dite au bas-relief, d'ap. Léonard de Vinci, épr. avant la lettre, signée de M. Forster. Vierge de marge.

346 — La Vierge de la maison d'Orléans, d'ap. Raphaël, épr., lettres grises sur Chine, signée.

347 — La Vierge à la légende, d'ap. Raphaël, épr. avant la lettre, grande marge.

348 — Portrait en pied du duc de Wellington, d'ap. Gérard, épr. avec grande marge.

349 **Lignon**. Le Duc de Richelieu, d'ap. Laurence, épr. avant la lettre, sur papier de Chine.

350 **Macret**. Offrande à l'amour, d'ap. Greuze, épr. avant la lettre.

351 **Muller** (C.-Henri). Saint Jean-Baptiste, d'ap.

Luini; belle épr. avant la lettre, sur pap. de Chine.

352 **Maile**. Philippo Lippi, d'ap. Paul Delaroche.

353 **Prudhon** (d'après). L'Amour séduit l'innocence, et l'innocence préfère l'amour à la richesse; 2 pièces, gravées par Roger.

354 **Porporati**. Vénus qui caresse l'Amour, d'ap. *Pompée Battoni*.

355 **Pauquet**. Le Tasse et la princesse Eléonore, et Mme Lavallière, d'ap. Ducis.

356 **Prévost**. Louis XIV bénissant son petit fils, d'apr. Mme Hersent.

357 **Sixdeniers**. Portrait d'Arago, d'ap. Scheffer.

358 **Woollet**. Jacob et Laban, grand paysage, d'après Claude, le Lorrain.

359 **Vernet** (d'ap. M. Horace). Le Duc d'Orléans passant la revue du 1er régiment de hussards, gravé par Jazet.

360 — Passage du pont d'Arcole, par M. Jazet.

361 — Apothéose de Napoléon, par le même.

362 —Combat entre des dragons du Pape et des brigands, et la Confession d'un chef de brigand; 2 pièces, gravées par Jazet.

363 **Wagstaff**. La reine Victoria, d'ap. Parris.

364 — Françoise de Rimini, d'ap. Coupin, par Grevedon.

365 — La Leçon de musique et la Leçon de peinture, d'ap. Al. *Roehn*, par Léon Noël.

366 Frère et Sœur, d'ap. Winterhalter.

367 — Louis-Philippe secourant un blessé, d'ap. Al. Johannot.

Recueils d'Estampes, Livres à figures, Catalogues, etc.,

369 **Meissonnier** (Œuvre de Juste Aurèle), peintre, sculpteur, architecte et dessinateur de la chambre et du cabinet du Roi, Paris, Huquier, vers 1750, in-fol., 118 pl. sur 73 feuilles.

Beau et rare recueil contenant des modèles d'orfèvrerie de table, de meubles, pendules, lambris et intérieurs d'appartements, glaces et ornements divers pour l'ameublement sous Louis XV, volume très rare.

370 Les Monuments de la monarchie française, qui comprennent l'histoire de France avec les figures de chaque règne, que l'injure du temps a épargnées, par Bernard de Montfaucon. *Paris*, 1729-33, 5 vol. in-fol., grand papier, rel. en veau.

371 Galerie du Musée Napoléon, par Filhol. *Paris*, 1804, 10 vol. gr. in-8°, pap. vélin, lettres grises, dem.-rel., m. vert.

Ouvrage intéressant et rare de cette qualité.

372 Galerie des Peintres flamands et hollandais et allemands, par Le Brun. *Paris*, l'auteur, 3 vol. in-fol, dem.-rel. Bel exemplaire, épreuves avant la lettre; plusieurs sont remontées.

Beau livre contenant 201 gravures, d'après les plus beaux tableaux des écoles flamande et hollandaise, avec une notice sur la vie de chaque artiste, sur son talent et la valeur de leurs tableaux.

373 Le Moyen-Age pittoresque, monuments et fragments d'architecture, meubles, armes, etc., du X au XVIe siècle. 5 vol. in-fol, dem.-rel.

374 Meubles et armures du moyen-âge et de la renaissance. 186 pl. in-fol.

375 Architecture of the midle ages by Joseph. *Nasch*, 1838, 26 pl. pap. teinté, in-fol., dem.-rel.

376 Portefeuille de l'Ornement, recueil complet des meilleurs motifs, dessinés d'après les anciens maîtres, par Metzmacher, 32 pl., papier de Chine, in-fol., dem.-rel.

377 Ornements du moyen-âge, par Charles Heideloff. *Nuremberg Stein*, 1843, 16 livraisons in-4, planches d'ornements très bien gravées.

378 Le Château d'Eu illustré, depuis son origine jusqu'au voyage de Sa Majesté la reine Victoria, par J. Skelton. *Paris*, in-fol. Vues et portraits sur pap. de Chine.

379 Venise, vues, dessinées et lithographiées par Rouargue, 20 pl. et le frontispice, in-fol.. dem.-rel.

380 Esquisses historiques de l'armée Française, par J. Ambert, dessins par Charles Aubry. *Paris*, 1 vol. in-fol., cart.

381 Tableau comparatif de la hauteur des montagnes et de la hauteur des chutes d'eau les plus célèbres. 2 pièces coloriées et un cahier in-8° de texte.

381 bis. Idée générale d'une collection d'estampes, par Heinecken, à Leipsick, 1771, in-8, cart.

182 Le Peintre graveur, par Adam Bartsch, *Vienne*, 1803. 21 vol., in-8°. br., 2 cahiers, fac-similés.

383 Essai sur les Nielles, gravures, des orfèvres flo-

rentins du XVe siècle, par Duchesne aîné. *Paris*, 1826, in-8°, fig.

384 Catalogue raisonné, de la rare et précieuse collection d'estampes de M. Debois. *Paris*, *Defer*, 1843, avec les prix et noms des acquéreurs, rare, et les ordres de vacations.

La vente de cette importante collection a produit, en 1800 articles, 213,000 fr..

385 Catalogue raisonné d'une belle collection d'estampes d'anciens graveurs italiens, allemands, flamands et français du XV au XVIIe siècle. du cabinet de M. B. D. (Delessert). *Paris*, *Defer*, 1852, avec les prix.

386 Catalogue de la rare et précieuse collection d'estampes du cabinet de M. Th. (Thorel). *Paris*, *Defer*, 1853, avec les prix.

387 Catalogues de livres provenant des Bibliothèques du roi Louis-Philippe, 1re et 2e partie, 1852, *Paris*, *Potier et Defer*, 2 vol. in-8°, br.

388 Catalogue de la riche collection de tableaux et curiosités de M. de Saint Victor. *Paris*, 1822, in-8, avec les prix, rare.

389 Catalogues des tableaux de M. Abel et de M. Francillon, par Henri. *Paris*, 1824-1829, 2 vol.

390 Description des Objets d'arts qui composent le cabinet de feu M. le baron Denon. *Paris*, *Dubois*, 1826 (les curiosités), in-8.

391 2me partie. Les tableaux, dessins et miniatures. *Paris*, *Pèrignon*, 1826, avec les prix, rare.

392 Catalogue des tableaux des trois écoles du cabinet du comte Despinoy. *Paris*, 1850, in-8.

393 Catalogue raisonné des tableaux de la galerie du maréchal Soult. *Paris, Georges et Laneuville*, 1852, in-8, avec les prix et noms des acquéreurs.

394 Catalogue des tableaux modernes composant la collection du feu prince royal (duc d'Orléans). *Paris, Defer*, 1853, avec les prix.

395 Catalogue des tableaux de la Galerie Espagnole, vendus à Londres en 1853, in-8, avec les prix.

396 Catalogue de la vente de la collection Standish, faite à Londres, en 1853, in-8, avec les prix.

397 Catalogue d'une belle collection de tableaux du cabinet de M. Giroux père. *Paris, Defer et Laneuville*, 1854, in-8, avec fig. et les prix.

398 La vie des peintres Flamands et Hollandais, par Descamps. 5 vol. in-8°, avec portraits par Fiquet et autres.

398 bis. Deux volumes très grands, in-fol., de papier blanc et de couleur.

Dessins anciens.

399 Ecole primitive. Sainte-Famille, dessin au crayon.

400 L'Adoration des Rois; composition de Raphaël pour les Tapisseries du Pape. Beau dessin, mais mal conservé.

401 Deux Apôtres, dessin au crayon, par Fr. Bartholomeo.

402 La Vierge, l'Enfant Jésus et plusieurs Saints, beau dessin par Vasari.

403 L'Annonciation, dessin au bistre, par Tintoret.

404 L'Annonciation, dessin lavé et colorié, collection Mariette.

405 Un très beau dessin d'architecture.

406 Deux dessins de Carrache et Polydore.

407 Dessin grisaille, par le Polydore.

408 Cinq dessins, par Testa, le Guide et le Tintoret.

409 Paysages et Marines, six dessins par Canaletti et autres artistes.

410 Paysages et Architecture, sept dessins, par le Bolognèse, Dominiquin, Bernin, Bibienna, etc.

411 Paysages, par le Bolognèse, Carrache, etc.; sept dessins.

412 Croquis à la plume, costumes, etc., 56 dessins, par Et. de la Belle.

413 Alexandre et Diogène, dessin colorié, par le Benedette.

414 Sept dessins, caricatures, par de Ghezzi et C. Maratte.

415 Paysage, par Zuccarelli.

416 Paysages, 4 dessins, par Zuccharelli.

417 Paysages, 5 dessins, par le même.

418 Une Bataille, par Cangiage.

419 Quatre dessins par le Baroche, Tintoret, etc.

420 Ecole Italienne, 4 dessins.

421 Ecole Italienne, 9 dessins, par Mola et autres.

422 Deux dessins d'ornements.

423 Deux dessins, par Ferrari, Bibienna.

424 Dix dessins, par Tassi. Polydore, Jules Romain et le Baroche.

425 Une Etude de Tête, dessin par Tiepolo.

426 L'Enlèvement d'Hélène, dessin au bistre, par le Guerchin.

427 Veillard, à mi-corps, dessin au bistre, par Guerchin.

428 Deux dessins à la plume du Guerchin.

429 Deux dessins, études du Guerchin.

430 Seize dessins. Parmesan et autres.

431 Hercule et le Lion de Némée, et un Cavalier, 2 dessins, par Rubens.

432 Naïades, un dessin lavé, de l'Ecole de Rubens.

433 Tête d'Enfant, dessin par Rubens.

434 Quatre dessins, par Rubens, d'après divers maîtres.

435 Les Disciples d'Emmaüs, dessin lavé, par Quelinus.

436 Trois dessins, Rubens et Van Dyck.

437 Femme nue. Etude à la sanguine, par *Rembrandt*, beau dessin.

438 Paysage, dessin au bistre, par Herman Swanewelt.

439 Une Chèvre, dessin par Verbochoven.

440 Paysage, dessin par Dietrich, 1756. Collection Mariette.

441 Paysages, 10 dessins, par Van Eckout, Bibienna, etc.

442 Onze dessins, par Dusart, P. de Laer,. Kuyper, Demarne, etc.

443 Vingt-cinq dessins d'architecture, croquis d'ornements, etc.

444 Portraits de Femmes, deux pastels, dans des cadres sculptés.

445 Tous les articles omis.

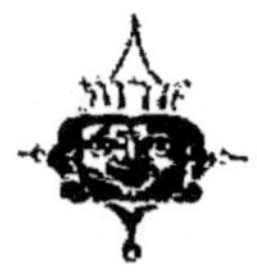

Maulde et Renou, imprimeurs de la Compagnie des Commissaires-Priseurs, rue de Rivoli, 144. 3253

184 —	**M. H. VERNET.**	Allan Mac Aulay.
183 —	Id.	Combat de corsaire.
182 —	Id.	L'Empereur à Charleroy.
176 —	**VERBOECKHOVEN.**	Deux Vaches.
177 —	Id.	Deux Bœufs.
155 —	**M. ARY SCHEFFER.**	Les Femmes grecques.
156 —	Id.	Première Croisade.
135 —	**PALLIÈRE.**	Prométhée.
188 —	**M. WATELET.**	Paysage.
189 —	Id.	Vue de Neuilly.
131 —	**MONVOISIN.**	Jeune pâtre endormi.
130 —	Id.	Télémaque et Eucharis.
88 —	**M. GUDIN.**	Combat naval.
89 —	Id.	Prise de la *Proserpine.*
90 —	Id.	Combat du *Niemen.*
91 —	Id.	Combat du brick l'*Abeille.*
186 —	**VILLALMIL.**	Vue en Espagne.
118 —	**Mlle LEVEL.**	Ascension de la Vierge.
132 —	**M. MOZIN.**	Marine.
121 —	**MAILLOT.**	Vue du Musée du Louvre.
141 —	**M. PICOT.**	L'Amour et Psyché.
148 —	**L. ROBERT.**	Un enterrement à Rome.
119 —	**M. A. LORENTZ.**	Les chasseurs de la garde.
136 —	**M. PARIS.**	Des moutons.
158 —	**M. SCHNETZ.**	Vieux berger d'Italie.
26 —	**M. DELATRE.**	Un intérieur d'écurie.
27 —	**M. DELORME.**	La Vierge au pied de la croix.
112 —	**M. LEMASLE.**	La chapelle Minutolo à Naples.
129 —	**MONGIN.**	Bataille de Valmy.
122 —	**MALBRANCHE.**	Effet de neige.
142 —	**M. PRIEUR.**	Vue de Versailles.
120 —	**MAGAUD.**	Une fontaine.
114 —	**L. LE PRINCE.**	Vue de Neuilly.
115 —	**M. E. LESSORE.**	Agar et Ismaël.
117 —	Id.	Le petit Savoyard malade.
116 —	Id.	La leçon de dessin.

DEUXIÈME VACATION,

Mardi 29 Avril.

109 —	**Hce LECOMTE.**	Prise de Spire.
108 —	Id.	Reprise de Verdun.
161 —	**SMARGIASSI.**	Vue du Vésuve.
162 —	Id.	Paysage, marine.

N°	Artiste	Sujet
107 —	M. JULES LAURE.	Étude de femme.
10 —	BIDAULD.	Cataracte du Niagara.
11 —	Id.	Souvenir des bords de l'Isère.
9 —	BERÉ.	La panthère et ses petits.
7 —	BEHAEGEL.	Baptistère de l'église Saint-Méry.
6 —	M. BLANCHARD.	Fédération à Guise.
43 —	M. GÉRARD.	Vue du pont de Neuilly.
5 —	M. BARRY.	Marine.
4 —	M. BARBIER.	Château de Randan.
113 —	LENTHE (GIOVANI).	Vue en Sicile.
111 —	M. AUG. LELOIR.	Sujet de sainteté.
110 —	M. LE COCQ DE BOIS-BAUDRAN.	Saint Louis.
103 —	M. EUGÈNE JOINVILLE.	La pêche au soir à Naples.
101 —	M. JOANNIS.	Vue de Neuilly.
97 —	H. HOLFED.	Un enfant regardant un livre d'images.
94 —	G. GUÉRIN.	Invention de l'imprimerie.
93 —	M. GUERARD.	Vue de Neuilly.
92 —	M. GUÉ.	Cabanes au Mont-d'Or.
65 —	M GUDIN.	Départ de Guillaume-le-Conquérant. 1806.
66 —	Id.	Louis de France, appelé au trône par les barons anglais en 1206.
67 —	Id.	Louis XII débarque des troupes à Rapella, en 1494.
68 —	Id.	Combat devant Orbitello, en 1646.
69 —	Id.	Prise de Gizery par le duc de Beaufort, en 1664.
61 —	Id.	Vue du pont suspendu à Neuilly.
60 —	Id.	Vue des environs de Blakemberg.
126 —	MICHALLON.	Vue à *San-Pietro in vincoli* à Rome.
50 —	GIRARDET (M. KARLE).	Vue de Suisse.
99 —	HUE.	Scène de naufragés.
125 —	MICHALLON.	Vue du monastère de Grota Ferrata.
169 —	M. le comte TURPIN DE CRISSÉ.	Le Parthénon à Athènes.
170 —	Id.	Les ruines de Palmyre.
38 —	M. LÉON FLEURY.	Campo Vaccino à Rome.
33 —	Mlle DUVIDAL.	Bacchus.
31 —	DROLLING.	Intérieur d'une cour.
30 —	M. DREUX D'ORCY.	Une jeune fille.
18 —	M. CHERET.	Vue des Tuileries.
10 —	CLERIAN.	Valentine de Milan au tombeau de son époux.
78 —	M. GUDIN.	Combat de la *Prudente* et la *Cybèle*, 1794.
79 —	Id.	Frégate de l'amiral Sercey, 1796.
80 —	Id.	Quatrième et cinquième combat de la frégate la *Loire*, 1798.
81 —	Id.	Combat de la *Preneuse* et du *Jupiter*, 1799.
82 —	Id.	La *Poursuivante* contre l'*Hercule*, en 1799.

16 —	M. BOUTON.	Chapelle de Saint-Roch.
17 —	Id.	Le solitaire des ruines.
2 —	M. ALAUX.	Le régent au Parlement faisant lire le testament de Louis XIV.
1 —	Id.	Paysanne romaine.
21 —	M. COUDER.	La mort de Massacio.
23 —	Id.	Louis XVI tenant son lit de justice.
22 —	Id.	Napoléon visitant l'escalier du Louvre.
20 —	M. COTTRAU.	Incendie de l'Opéra, en 1763.
8 —	M. BELLANGÉ.	La visite du curé.
46 —	GERICAULT.	Chasseur de la garde.
47 —	Id.	Cuirassier blessé.
48 —	GERICAULT ET M. H. VERNET.	Un cheval sortant de l'écurie.
45 —	GERICAULT.	Une fileuse et ses enfants.
29 —	M. DELAROCHE.	Descente de croix.
51 —	GIRODET.	Le Turc.
52 —	Id.	Tête d'étude colossale.
53 —	GIRODET et terminé par GROS.	Tête de jeune Grecque.
56 —	GRANET.	Lavement des pieds d'un capucin.
55 —	GROS.	David jouant de la harpe devant Saül.
170 —	M. H. VERNET.	Bataille de Jemmapes.
178 —	Id.	Bataille de Valmy.
181 —	Id.	Bataille de Montmirail.
180 —	Id.	Bataille de Hanau.
185 —	Id.	Camille Desmoulins au Palais-Royal.
67 —	M. GUDIN.	Vue du mont Saint-Michel.
83 —	Id.	Combat de la *Psyché*, etc. 1805.
84 —	Id.	Prise de la frégate la *Cléopâtre*, 1805.
85 —	Id.	Prise de la *Dominique*, en 1805.
86 —	Id.	Le vaisseau le *Foudroyant*, 1806.
87 —	Id.	Combat du *Palinure*, etc.
44 —	GÉRÉ.	Vue en Normandie.
62 —	GUDIN.	Vue de Neuilly.
64 —	Id.	Marine, côte de Normandie.
63 —	Id.	Pont de Neuilly.
140 —	PETIT.	Vue du pavillon de la belle Gabrielle à Charenton.
145 —	REGNIER.	L'étang et le château de Pierrefonds.
151 —	ROMNY.	Château de Neuilly.
152 —	Id.	Vue prise à Genesano.
187 —	WAPPERS.	Défense de Rhodes.
123 —	MICHALLON.	Ermite de l'île d'Ischia.
124 —	Id.	Vue du bac à Neuilly.
13 —	M. BOTENTUIT.	Vue de Caen.
14 —	BOUHOT.	Vue de la maison de Beaumarchais.
15 —	BOURGEOIS.	Des légumes.

TROISIÈME VACATION.

Mercredi 20 Avril.

291 —	Inconnue en vestale.	
278 —	Portrait inconnu.	
217 —	Paysage.	
218 —	Paysage historique, Euridice.	
219 —	Paysage.	
204 —	ÉCOLE ITALIENNE.	Le Titien et sa maîtresse.
214 —	INCONNU.	Tête d'homme, étude.
286 —	Id.	Portrait de Vauréal.
213 —	FRANCK.	Festin de Balthazar.
274 —	INCONNU.	Portrait présumé Mme de Chantal.
285 —	Id.	Sobieski, roi de Pologne.
212 —	ÉCOLE FRANÇAISE.	Paysage.
211 —	Id.	Tête de vieillard, étude.
270 —	INCONNU.	Une femme et ses enfants.
210 —	ÉCOLE FLAMANDE.	Le reniement de saint Pierre.
287 —	LA ROSALBA.	Son portrait au pastel.
257 —	JEANNE (M. JULIEN).	Portrait de M. de Jouy.
244 —	M. ALBRIER.	Charles IX, d'après Janet.
245 —	Id.	Dumouriez.
281 —	INCONNU.	Tête d'Henri IV.
209 —	ÉCOLE ITALIENNE.	Tableau sur bois.
208 —	Id.	La Charité.
293 —	FERAY.	Une tête d'ange.
207 —	ÉCOLE ITALIENNE.	La Vierge et l'Enfant-Jésus.
205 —	Id.	L'éducation d'Achille.
246 —	Mme ALLART.	Mlle de Clermont, d'après la Rosalba.
292 —	INCONNU.	La comtesse de Toulouse, pastel.
290 —	Id.	Personnage du temps de Louis XV, pastel.
289 —	LA ROSALBA.	Mlle de Charolais.
202 —	COYPEL.	Diane et Endymion.
215 —	INCONNU.	Paysage.
200 —	COYPEL (d'après).	Sacrifice de Jephté.
201 —	Id.	Athalie.
275 —	INCONNU.	Duc de Berry.
268 —	VOLTERA.	Galilée.
198 —	BON BOULONGNE.	Hippomène et Atalante.
216 —	INCONNU.	Paysage.
267 —	VANLOO.	Frédéric II.
203 —	DIEPEMBECK.	Vénus et Vulcain.
288 —	LA ROSALBA.	Mlle de Clermont.

197 —	**BOUCHER** (École de).	Quatre dessus de porte.
196 —	Id.	Deux grisailles.
199 —	**BRUANDET.**	Paysage.
206 —	**ÉCOLE ITALIENNE.**	Christ portant sa croix.
253 —	**FRAGONARD.**	Charles de Bourbon.
252 —	**VAN DICK.**	Son portrait.
266 —	Id.	Le duc d'Albe.
261 —	**MIGNARD.**	Figures allégoriques.
259 —	**KINDT.**	Charles-le-Téméraire.
258 —	**GRÉGORIUS.**	La baronne de Staël.
276 —	**INCONNU.**	Charles XII.
277 —	Id.	Portrait d'un général autrichien.
280 —	Id.	Joseph II.
271 —	Id.	La duchesse de Bourgogne.
272 —	Id.	L'Électeur de Brandebourg.
269 —	Id.	L.-A. de Bourbon, prince de Dombes.
265 —	**TESTELIN.**	Mme de Maintenon.
247 —	**CARENO.**	Charles II, roi d'Espagne.
248 —	**CHAMPAGNE.**	Richelieu.
249 —	Id.	Louis XIII en pied.
250 —	Id.	Louis XIII en buste.
251 —	Id.	Mazarin.
254 —	**GÉRARD.**	J.-J. Rousseau.
260 —	**LENAIN.**	Cinq Mars.
262 —	**OUDRY.**	Chasseur du temps de Louis XV.
263 —	**PETER LELLY.**	Ducs de Bavière.
273 —	**INCONNU.**	Charles Ier, roi d'Angleterre.
284 —	Id.	Marie de Médicis.
283 —	Id.	Louis XI.
282 —	Id.	Louis IX.
264 —	**RIGAUD.**	Philippe V, roi d'Espagne.
25 —	**CREPIN.**	La gabarre l'*Alouette*.
28 —	**M. DELORME.**	Tableau religieux.
32 —	**DROLLING fils.**	Mathieu Mollé aux barricades.
34 —	**ENFANTIN.**	Étude d'après nature.
35 —	**M. FERRÉOL.**	Paysage.
36 —	**FEUILLET GASTON.**	Une ville maritime.
37 —	**FIELDING.**	Paysage avec des daims.
39 —	**M. FONVILLE.**	Paysage.
40 —	**FORBIN.**	Eglise à Césarée en Syrie.
41 —	**GALLET.**	Des fleurs.
42 —	**GASSIES.**	Falaises de Douvres.
95 —	**M. PAULIN GUERIN.**	Tableau de sainteté.
12 —	**BONNARD.**	Vue de la prison de Florence.
3 —	**BALTARD.**	Paysage.
106 —	**LANDELLE.**	Têtes d'étude.
137 —	**PERIGNON.**	Prise de Helbeye.

138 — PETIT. Paysage.
139 — Id. Château de Randan.
144 — REGNIER. Vue du parc de Neuilly.
150 — ROMNY. Vue du collége de Reichenau.
166 — STUBBERG. Paysage.

JEUDI 1er MAI.

DE MIDI A CINQ HEURES,

Exposition des Tableaux et des Marbres, Bronze et Curiosités qui seront vendus dans la Vacation du Vendredi 2 Mai.

QUATRIÈME VACATION,

Vendredi 2 Mai.

220 à 243 — Tableaux anciens.
303 à 332 — Statues et Bustes en marbre.
333 à 344 — Statues et Bustes en bronze.
345 à 360 — Curiosités diverses.

Les Vacations étant chargées, elles commenceront à une heure précise, et l'ordre indiqué ci-dessus sera rigoureusement suivi.

1634 Paris. — Imp. Moulde et Renou, rue Bailleul, 9.